DE EMBOLADA ÓPERA BRASIL

RODRIGO BITTENCOURT
ILUSTRADO POR MAURICIO NEGRO

ÓPERA BRASIL DE EMBOLADA

Copyright © 2010
Mauricio Negro
Rodrigo Bittencourt

Editoras
Cristina Fernandes Warth
Mariana Warth

Produção editorial
Aron Balmas
Rafaella Lemos
Silvia Rebello

Revisão
Juliana Latini

Diagramação e Capa
Eduardo Okuno e Mauricio Negro

(Este livro segue as novas regras do Acordo Ortográfico da Língua Portuguesa.)

Todos os direitos reservados à Pallas Editora e Distribuidora Ltda. É vedada a reprodução por qualquer meio mecânico, eletrônico, xerográfico etc., sem a permissão por escrito da editora, de parte ou totalidade do material escrito.

CIP-BRASIL. CATALOGAÇÃO-NA-FONTE
SINDICATO NACIONAL DOS EDITORES DE LIVROS, RJ

B842o	Bittencourt, Rodrigo Ópera Brasil de embolada / Rodrigo Bittencourt ; ilustrações Maurício Negro. - Rio de Janeiro : Pallas, 2010. 64p. : il. color. ISBN 978-85-347-0281-2 1. Brasil - Literatura infantojuvenil. 2. Europa - Literatura infantojuvenil. 3. Literatura infantojuvenil brasileira. I. Negro, Maurício. II. Título.

10-0841.   CDD: 028.5   CDU: 087.5

Este livro foi impresso em maio de 2010
na Lis Gráfica e Editora, em São Paulo,
para a Pallas Editora.

O papel de miolo é o offset 150g/m²
e o de capa é o cartão 250g/m².
As fontes usadas foram Tahoma Regular
e Tahoma Bold, corpo 12, entrelinha 17
para o texto, e Peixe Frito, corpo 40,
entrelinha 40 para os títulos.

Estava viajando pelo mundo, animado...
Passei pelo Oriente, pela Ásia, pela África...
Fiquei encantado!
Resolvi dar uma volta pela Europa e fiquei indignado:
A menina era linda, mas não tinha rebolado.
Suas cadeiras estavam duras
E tudo estava velho, enferrujado.
Pensei em me apresentar...
Estava apaixonado!
Cheguei perto dela
E mandei meu recado embolado:

– Meu nome é Brasil.
Tenho 500 e tantos anos
De idade autenticados,
De vida tenho muito mais de mil.
Meu nome é Brasil.
Tudo em mim contém
Maravilha e terror.
Índio, africano, português
Se misturando,
Isso pra mim é amor.
O terror é irmão da maravilha
Meu coração é uma ilha
A velocidade é o esplendor.
Sabe, baby, tudo é drama
Tudo é bacana e toda
A angústia é magia
Meu samba carrega tristeza
E alegria,
Fé, razão e agonia...
É! A vida de fato surfa
Em cada ato.
E viva a fantasia!!!

Dentro de mim tudo é doce e azedo
Tudo que emperra transformo em brinquedo
O terror e a maravilha
Trio elétrico Bahia
Caetano e olha os mano
Nada me sacia!
Aleijadinho Curupira Exu Quintana Saci
O mundo me faz chorar
O mundo me faz sorrir
Drummond Leminski Gullar Salomão
Monteiro Lobato é todo imaginação
Bicho de sete de cabeças sinuca de bico
Racionais mc's Lampião
O Brasil é o dilúvio
O mundo é o sertão
Jorge é Amado
Explode coração!
Jogo de bola no barro
Garrincha Zico Pelé
O gol é o gozo
A alegria é do povo
O Brasil é imenso
A Europa é um ovo
Pense de mim o que quiser
O papa não é pop
Pop é o poeta pagão
Tudo é simulacro, dizia Bergson.

NÃO EXISTE RAZÃO.

A casa branca está encardida, não dá pra lavar
Ela está tão suja que nem toda a dor de todo o mundo pode limpar
Será que Obama vai ser boa lavadeira?
Parece que ele mandou mais 40 mil soldados pra fronteira
A guerra é um dinossauro cansado sem eira nem beira
Mais valia colocar esses soldados
cantando um samba da Mangueira!
Escuta: está chegando o respeito.
E vem passando a alegria
É um trio elétrico vindo da Bahia
É melhor colocar Tonho Gebara na tua melodia
Tem também o Tavinho Paes e Guilherme Zarvos na poesia
Está surgindo a poeta Rezende Maria

Robertão cantando pra todo o povo

(Brasil está entusiasmado e grita):

– Salve o rei!

(Brasil para a Europa):

– Calma, não se espanta...

(E retoma agora sem gritar):

Chove lá fora, todo mundo se encanta!
Eu vi Jorge Ben com sua gravata florida de camisa branca
Será que a virgem é uma santa?
Fernanda Montenegro é minha Maria
Renato Russo é meu Rimbaud
Hermeto é meu John Cage
Tom Jobim meu esplendor.
Iemanjá é esposa de Netuno
Mas quem manda no terreiro é ela
Netuno está velho de guerra
Iemanjá está nova, está bela
A Pomba Gira baixou na Cinderela
Iemanjá está linda e frequenta a favela.
Caetano é a Terra
João Gilberto é o Sol
Gilberto Gil é o ar
Casa Grande e Senzala sou eu
Você já pode sambar!
Mautner é a chuva
Glauber é a rocha
E viva o Kinema!
A vida aqui é um belo problema...
Eu repito:
Tudo em mim é casa grande e senzala.

Olha a bala perdida!
Quem segura essa bala?
Sabe, eu sou um guerreiro armado com
as rosas de Guimarães
A Bahia é meu Orixá
São Pedro faz chover pra saudar Iemanjá.
Zé Dumont é meu galã
Nada nos faltará
Na Grécia ninguém sabe sambar
O padrão de beleza daqui
Não pode ser o de lá.
Zé Dumont é nosso galã
Nada nos faltará.

Sabe, baby

(A menina bonita chamada Europa olha Brasil com atenção.)

Aquela antiga Grécia já morreu
Platão queria matar a diferença
Mas a diferença não morreu
A diferença sou eu!
Hoje somos o que Bergson falou
Tudo é diferença
Tudo é simulacro
Meu nome é Brasil
E é isso que eu sou!
Deleuze a diferença também amou
Mas não foi à Bahia
A Bahia eu sou!
A Bahia soul
A Bahia?
So... so...
E nós temos Glauber, que é uma rocha gigante
Que a erosão dos canalhas não vai matar.
Glauber era um baiano
Festejado por Godard.
Godard, você já foi à Bahia, nêgo?
Não?!?
Então vá!
Pierre Verger foi e ficou por lá, extasiado!

E no Rio de Janeiro
Vê-se o povo misturado
Em transe
De braços abertos pro Sol
Cantando cantigas africanas
Fazendo seu ebó
E jogando futebol.
Tem até padre bonito
Cantando rock'n'róll
Tem pôster dele vendendo em banca de jornal
E nosso Fla x Flu de cores
Há de vingar nossa vida Severina
Topa me conhecer mais?

– Sim
Claro!
Europa disse:
Imagina...

Aí eu disse:
Só eu entendo a alma feminina!

Brasil e Europa entram no avião
E embarcam na viagem rumo à América do Sul
"Eu sou da América do Sul, eu sei, vocês não vão saber."

Dentro do avião:

(Aeromoça):
— Deseja alguma coisa, senhora?
(Europa):
— Sim, eu...
(Aeromoça):
— Nós temos barra de cereal, suco e refrigerante.
(Europa):
— Eu quero uma barra e um suco de uva.
(Aeromoça):
— Deseja alguma coisa, senhor?
(Brasil):
— Eu quero um acarajé e um suco de verdade, por favor.
(Aeromoça):
— Não temos isso que o senhor pediu, mas...
(Brasil):
— Isso que o senhor pediu?
Chama acarajé, comida boa do Brasil.
Quero um suco, da fruta, de manga ou um Mineirinho.
(Aeromoça):
— Só temos suco de caixinha, senhor...
(Brasil):
— Ora, faça-me o favor...
Então eu quero um caldo de cana
Uma garapinha passada no funil
Vou cantar, me chamo Brasil
(Canta para a aeromoça):

— As rosas de Guimarães
A machadadas de Assis
Sambando nos grandes Sertões
Menina, requebre os quadris!

Vê aí uma garapa, sua ingrata!

(Aeromoça):
— Não temos, senhor, o que posso fazer?
(Brasil):
— Para essa caravela que eu quero descer!
Vou atravessar o oceano de canoa
Cantando Candeia
Eu vou numa boa!
(Aeromoça):
— Senhor, o senhor não pode levantar, senhor...
(Brasil):
— A senhora é uma chata!
Não me chame de senhor
Não me imponha essa bravata.
(Para a Europa)
— Queria que Glauber estivesse aqui
Pra fazer um discurso a meu favor e contra essa barata!

(Chegam mais aeromoças, o avião vira uma bagunça,
Brasileiros cantam Aquarela do Brasil)
(Brasil):
— Arroz, feijão, batata e macarrão! (3x)
(Europa):
— Se acalme
Sente aí
Conte mais sobre ti
Eu quero muito ouvir!
(Brasil):
— Vejo que a senhora está pegando a rima
A manha...
Mas ainda está um pouco fanha.
Ligeiramente tacanha! (risos)

Escuta:
O meu Gandhi
É Antônio Conselheiro
E meu Dionísio chama Zé Celso
E quanto à grande São Paulo
Ela ainda há de entender
Mas um moço chamado Tom Zé vai me socorrer.
A indústria vai se comover
Vai se emocionar
São Paulo vai botar para ferver!
No Hangar ou São Bento
São Paulo é movimento
São Paulo é meu braço direito
É forte
Com seu trabalho me salva da morte.
Meu nome é Brasil
Eu sou um maracatu atômico
Somos um grito sinfônico
Que há de vencer!
Europa quero cantar pra você:
(Brasil canta):

"Hoje vim firmar meu ponto
No teu coração
Vim dizer que te amo em samba canção
Nos nervos de aço de meu violão"

E como diz Jorge Mautner
"O mosquito da malária é o defensor da Amazônia"
Nosso "Green Peace" começou com Chico Mendes antes do seu
Pena que um de meus cravos imbecis atirou no mestre e ele morreu!
E por falar em Chico, viva a ciência de "Science"
Que jogou chips no mangue,
Que enterrou uma antena parabólica lá com sua maravilhosa gangue,
Que enfiou um microcomputador no rabo do caranguejo.
Um rebelde eletrônico.
Um Suassuna da indústria pop.
E viva Carlito Marrom com seus óculos escuros virados
De cabeça pra baixo.
O Pelorinho é bonito.
Um esculacho!

Nossa salada vem de lavouras de agonia
E pra falar de outra maravilha
Viva Chico, nosso Buarque
Nosso Bob Dylan
Só que Chico, baby, faz samba e joga bola
Além disso é mais bonito
Ele tem olho azul e nariz de preto e tem cabelo cacheado
É nosso poeta alado
Chico é meu pastor, nada me faltará.

    Mautner gosta de minha chuva e sai nela com Jorge Ben
    Eles estão correndo, só pra ver o meu amor passar
    E Dorival diz que só sai quando estiver tempo bom
    Tomara que faça sol em mim amanhã
    E daí aquela vizinha vai sair de casa
    E eu vou cantar pra ela:

(Canta para Europa):
"Loira, teus olhos são campos verdes
Cobertos por sóis
Que hão de iluminar teus mil girassóis
Que na noite escura vão ser meus faróis."

O avião pousa...

– Finalmente descemos em mim

A primeira coisa que Brasil fez foi levá-la
Numa roda de samba
Roda chamada de inferno e de céu
Organizada por mestre Noel.

(Europa):
    – Quem é Noel?
(Brasil):
    – Depois te apresento Noel e sarapatel
    Mas por enquanto vamos ficando aqui
    Por Vila Isabel.
    Essa terra chama Rio de Janeiro
    Aqui tem gente do mundo inteiro
    Onde deus e o diabo conversam
    Sobre a terra da chuva do som e do sol
    Onde todo mundo gosta de futebol
    Onde São Jorge leva o dragão pra passear
    Onde a Maria aprende a sambar com o saci
    Onde todo mundo chora em transe e ri
    E toma pinga da boa comprada em Parati.

Pois bem, Brasil animadíssimo com sua conquista leva Europa
Pra dar mais uma volta...

Pegaram o trenzinho caipira do Villa
E foram parar lá em Minas
No Clube da Esquina
Tinha um negro que parecia a África inteira,
Milton Nascimento:

– Chamo Milton Nascimento
E viva nossa bandeira!
Faço surgir coisas lindas
E minha voz é mesmo a de um rei!
Escute esse bumbo forte
Mais forte que a morte.

Tinha um negro lindo do lado de Milton
Que é um anjo extraterrestre
(digo extra não no sentido estrangeiro,
mas no sentido de conter mais)
Gil é chamado.
Milton disse que eram os tambores de Minas
E Gil disse que na Mangueira também tinha tambor forte
Mais que a morte
E foram voando nas asas de Gil
E a Europa no colo do Brasil!

No morro da Mangueira...

Seu Jorge:
"Não moro lá, mas considero,
Melhor parada da cidade"
Um negro bonito passou cantando essa canção
E cantando a Europa.

    (Europa):
    – Como chama aquele homem bonito que passou?
    (Jorge escuta e volta-se para ela):
    – Me chamo Jorge, Seu Jorge – disse ele.

Europa ficou toda encantadinha e já tinha se apaixonado por Gil e Milton.
Brasil disse a ela que Jorge podia fazer Zumbi no cinema e ela concordou,
Mas disse que Jorge Ben deveria fazer Zumbi mais velho
Porque era bonito e sensacional.
Brasil disse pra ela que Milton e Gil poderiam fazer também o tal papel
E ela concordou e ficou assim e assim ficou.

    (Europa):
    – Há muito tempo não me sentia viva desse jeito, sujeito!
    (Brasil):
    – Somos a novidade molhada que você estava esperando há muito tempo.
    (Europa):
    – Desde o renascimento!

Mas Europa não parava de ver o negro bonito...

De repente!
Viram chegando um preto velho...

    (Europa):
    – O que é um preto velho?
    (Brasil):
    – Vai procurar num **Aurélio!**
    Se lá num tiver já é hora de ter!
    (Europa):
    – Vou perguntar pra Caetano
    Ele deve saber...

Ela já conhecia o Caê!

Brasil responde:
– Caetano é meu camaleão
Nada me faltará!

Europa tinha estado com ele em Londres
E escutado seu som,
Ela também já conhecia Jobim e João!
Acho mesmo que quem deveria ter escrito
um dicionário era o Mário
Não é aquele do armário
Mas o de Andrade
Ou Cabral de Mello Neto
O Guimarães ou Suassuna...
Esse dicionário do Buarque está meio deserto!

...Voltando ao preto velho que era chamado Cartola
Bom de samba e nem tanto de bola...
Viram chegando aquele preto que desembainhou sua espada
E tocou um som da pesada
Sua espada brilhava e Seu Jorge sambava
Sambava de um pé só feito Saci
Aí então eu chorei, eu sorri!
Europa achou que Jorge era a reencarnação do Saci
Aí então eu chorei, eu sorri!
Ela disse a Brasil que queria ser a Maria dele
Eu chorei porque Europa estava se apaixonando
pelo Brasil de verdade
E choro porque "a anatomia pirou e eu sou só coração"
– Como diz o poeta.
E Cacá Diegues filmava tudo com uma câmera Beta.
Silêncio.
Vodu de silêncio espeta!
Vou deixar a próxima página calada, aberta.
Em homenagem a João Gilberto
Vou pra Floripa de bicicleta.

Brasil estava tomando sol em Floripa
Ele está em todos os lugares
Apesar dos pesares
Está em todos os lugares.
Estava deitado como uma mulher
Estava pensando como uma mulher
Estava pensando em gerar uma outra vida
Menos bandida, mas sempre atrevida.
Estava pensando na Europa
Que deixou com Jorge Saci na Mangueira
Junto com Gil e Cartola.
(Esse jogo de rima às vezes me enrola)
Eu estava pensando na Europa
Em como ela ainda ama Aristóteles e Platão
E em como os diretores do cinema brasileiro
Não filmam com negão!
SÓ FILMAM COM ELE COLOCANDO AS ARMAS NA SUA MÃO!
Acreditam naquela bobagem do deus grego de beleza.
Alguns diretores ainda vivem dessa pobreza.
Zé Dumont é meu pastor, nada me faltará!
Porque os nossos diretores não filmam com negão?!?
Lázaro Ramos ainda é uma exceção!

(Brasil se invocou e compôs um samba canção):

– É o que é
É o que há
A Europa é remota
Eu preciso sambar!

O DJ Mohamed Maloke mandou, em mp3,
Uma faixa de um disco da bateria da Mocidade
E Brasil tocou e cantou com vontade:

– Meu carnaval
Meu carnaval
Pede proteção
O cortejo vai passar
Evoé!
Seus cordões iluminar
Artista de barracão
Aqui dá arroz
Aqui dá arroz
Batata dá feijão
O cortejo vai passar
Evoé!
Seus cordões iluminar
Artista de barracão
Até raiar um novo dia
Eu me esbaldo na folia
Vou sambar até cair
Até raiar o novo dia
Eu me esbaldo na folia
Vou sambar até cair

Logo depois de compor o samba
O sol se foi
E eles voltaram pra Mangueira
– Bumbando o meu boi –
Terra de bamba
Voltaram pra Mangueira
E Caetano cantou o samba

Com aquela voz bonita, bonita
Ele estava por lá à procura de Gil,
Ex-ministro, mas eterno Brasil.
Disse que havia bolado
Um negócio extraordinário
Que ia fazer doer em otário
Da direita e da esquerda
De gravata, de batina ou de avental
De uniforme militar ou papal
Um movimento sensacional
Um movimento antropofágico (viva Oswald!) tropical
E o bicho vai pegar!

(Caetano):

– A polícia vai vir em nossas casas nos pegar, Gil!
Vai pegar Chico e um monte de gente que ainda nao sumiu!

...Dizem que a ditadura veio de fora
Veio de um cara que usa uma estúpida cartola
E que aqui ficou e demorou pra ir embora!
(E será que já foi?)
Bumba aê meu boi!

   (Europa):
– Mas isso aconteceu agora?

(Brasil):
– Não, isso começou em 64 e se agravou desgraçadamente em 68.
Você quer um biscoito?

– Mas, Brasil, não estamos nos anos dois mil?
– Sim, mas e daí?
Eu não ligo pra cronologia
E já pode aplaudir!
Tudo é e foi agora
Aqui eu sou dono da história e conto como quiser!
Não ligo para os historicistas, sabe como é?
Agora todas as épocas vão dar a mão pra continuar esse imenso refrão!

...Não tenho compromisso com o tempo. Tenho compromisso com o Kaos. (E agora quem esta falando é Rodrigo Bittencourt.) E tenho compromisso (descompromissado) com a velocidade. Não posso dizer que estou em 50 60 70 ou (Fred 04).
Fundador do mangue bit junto com Chico ciência, aquele cara era um barato! Estou por aí curtindo, ainda sou um gato. A beleza se apoderou da cronologia e tudo agora é fragmentado, tudo é tecnologia!

> – Meu nome é Brasil
> Eu sou todo o tempo
> Que foi e o que será.
> Então continuemos pelo caminho, Europa,
> Agora você que é o meu Teeteto, querida (risos)!
> Seja bem-vinda.
> Então, Europa querida, é...
> Continuemos pensando em Platão...
>
> ...Europa escutou o samba cantado por Caê.
> Brasil disse pra ela que Platão virou Plotino
> Que virou planta, depois placa.
> Depois enferrujou na chuva tropical
> E morreu, coitado,
> Mal, mal, mal!

(Agora os desesperados que seguram – ainda? – a bandeira de Platão em nosso país vão querer me matar! Disse que Platão não entendeu nada sobre as diferenças e quis colocar tudo que era esquerdo renegado a um simulacro "e tal e coisa e coisa e tal" (viva Rita Lee e seu bom humor animal!). Bergson entendeu tudo quando disse que somos todos simulacros, somos todos a diferença! Mas ele era francês e não conheceu Garrincha e nem o candomblé e nem o samba e nem ficou com uma mulata da Portela (aliás, que mulata bela aquela da Portela!) e nem foi pra Bahia e por isso cada um de vocês que faz parte de mim, que chamo Brasil, se dá melhor com o todo nos anos dois mil!

É chegada a hora do Brasil!
Caetano se aproxima da Europa, que está extasiada com tudo isso, e lhe dá um beijo na boca!

> (Europa):
> – Que coisa louca!

Voaram com Gil para Recife e Lenine estava tocando uma ciranda
Dançaram ciranda com Zé Celso que propôs ficarem todos nus
E foi aceito!
Hélio Oiticica chegou passando o parangolé:
Dito e feito!
Sabe comé?
Estavam lá Chica da Silva e MV Bill, todos juntos dançando
Naquele corpo chão
Chamado Brasil, que é nossa canção:

"Brasil, meu Brasil brasileiro
Meu mulato inzoneiro, vou cantar-te nos meus versos"...

...Agora a espectadora Europa toma conhecimento
do parangolé Brasil.
E Zé Celso passou para Europa o parangolé e ela chorou...

> (Europa):
> – Que menino é aquele que entrou na roda agora?

> (Brasil):
> – Tom Zé sabe dançar
> Traz no peito as rosas de Guimarães
> E as mumunhas de Irará
> É uma figura desidratada
> Carrega consigo o pulmão de Lampião
> É um Exu radiante
> É mais forte que um elefante
> Tom Zé é nosso diamante!

...Foram para a Amazônia, agora protegidos por
Jorge Mautner que entende de mosquitos e
principalmente do mosquito da malária.
Ele parece entender a língua desses
bichos mais do que o próprio Brasil.
Chegando lá encontram o cacique
Raoni, que foi chamado pra pintar.

(Brasil):
– Pinta a cara de Europa que é pá modi a gente poder
Entrar numa festa em que os Xavantis e o Sepultura vão tocar
...Estavam presentes Verger
Os Filhos de Gandhi
Seu Agenor
E Jamelão
Que animava a festarada
Estavam lá três cabras sangue bom,
Zeca Baleiro, Max Cavalera e Carlito Marrom
Eles tocavam pontos de umbanda
Na percussão
Europa beijou a boca do cacique Raoni
E Brasil disse:

– Vamos, já é hora de partir!

...Foram então ao Maracanã ver a final
Do primeiro turno do estadual
E o Mengão foi campeão
3 a 2 e coisa e tal.

(Europa):
– **Esse povo preto gritando gol é bonito!**
Sentimento forte!
Esquisito!

...A essa altura do campeonato Brasil já estava querendo beijar Europa!
   Estava emocionado
    Tava dando tudo certo
     Nada mais podia dar errado.
      Europa se assustou com o grito de gol do nosso povo
       A cena foi linda
        Ela entendeu tudo
         Brasil chorou de novo!

   (Europa):
    – A bomba atômica desse povo é o coração!
   Mengão!
    Mengão!
     Mengão!

...Depois da final no Maracanã, Europa e Brasil foram
Num pagode de comemoração.
Era na casa do D2
Sangue bão
Estavam lá Martinho
Leci Brandão
Zeca Pagodinho
A viola como tinha de ser
Estava nas mãos de Paulinho
Alguns vascaínos
Outros tricolores
E flamenguistas
Tinha até banguense
Mas todos eram sambistas
No meio da festa
Regada a caipirinha e feijoada
Brasil canta um samba pra Europa da pesada
"Formosa"
De Baden e de Vinicius
Vinicius foi quem instaurou a poesia na música popular brasileira
Letra de música aqui é antes e depois do poetinha, está de bobeira?
Ela ficou encantada e plantou uma bananeira
E se amaram ao som de Zeca Pagodinho e Zé Limeira
Cantaram Assis Valente e Zé da Zilda e Zilda do Zé
Depois viram uma fita com os dribles de Garrincha
E os gols de Zico, Tostão
E Pelé!

Ela gritava:
– Viva a cintura rubro-negra, mané!

O Brasil buliu na Europa
Que se apaixonou pelo Brasil.
Europa estava nua e precisava se vestir
Brasil deu seu parangolé pra ela existir.
Todos nós comemos feijoada
Na casa de D2
E dormimos por lá...

...Depois de um tempo Brasil acordou
Mas Europa não queria acordar
Parecia muito cansada
Em sono profundo ela estava...
Há séculos isso já deu pra notar.
Depois de algumas tentativas frustradas de acordar a "velha senhoura",
Brasil resolve colocar um disco de Gilberto cantando Tom.
Europa acordou com João
Que é mesmo quem puxou e ainda puxa o cordão.

   (Europa):
   – Nossa, que coisa bonita!
   (Brasil):
   – Chama Bossa Nova, cabrita!
   (Europa):
   – Eu já sei, não me irrita!
   (Brasil):
   – Nossa, como João facilitou minha vida lá fora!
   Sem João era tudo demora
   Com João passei a exportar cultura
   E outras coisas mais
   Eu cresci por causa dele, rapaz!
   Agora vamos embora
   Pra onde ainda não sei
   Vou ligar pra rainha
   E depois pro rei...

Brasil ligou pra Bethânia
Que o mandou encontrar
Com Caju e Castanha.

(Bethânia):
— A menina Europa
Precisa ficar sem vergonha

...Seguiram o conselho da diva
E voltaram pro Recife
Pra encontrar com os cabra
E de novo com o cacique.

 (Europa):
 — Você é mesmo uma beleza
 Fico aqui mais tu com certeza!
 Eu quero mais feijoada
 Guimarães e futebol
 Quero viver em transe
 Na terra do sol!

 (Brasil):
 — Seja feita a sua vontade!

 (Europa):
 — Pra onde vamos agora?

 (Brasil):
 — Vamos ali com Noel
 Na casa das moças comer sarapatel

  (Noel):
  — Sabe, nega, a filosofia é meu feitiço
  Sem o samba eu enguiço
  Você precisa provar meu chouriço
  E acabar com esse pudor de branca
  Para agora com isso
  Em lugar nenhum existe santa.

Brasil viu que Europa já estava ficando de quatro por Noel
Catucou a bela moça e disse:

(Brasil):
— Olha, vamos sair um pouco daqui.

— Por quê? — perguntou Europa.

— Sabe aquela mulher que está chegando ali?
Pois é, chama Aracy e é braba.

...Pela primeira vez Europa provava um pouco
da cara de pau e mentira deslavada de Brasil.

— Ela é mulher de Noel?!?

— Sim, é claro que é!

— Eu quero uma prova.

— Você vai ver... Ela vai chegar perto dele vai dar
um beijinho e vai interpretar uma das músicas
de Noel bonitinho...

— É verdade! Nossa, que pena!

(Europa):
— Aracy... Ela canta de um jeito bonito.

(Brasil):
— E tem um rosto esquisito.

(Europa):
— É! Esta aí!

...Europa então, num furor danado, nunca antes visto,
beija a boca do Brasil.
Dançando ao som de Aracy e de Noel
É ele quem relata os fatos:

41

(Brasil):
– Eu despi a velha senhora
E fui dando tudo que ela pedia
Eu colocava minhas mãos em seu corpo sem curvas
Mas belo.
Isso não posso negar!
Lindo e branco como as espumas do meu mar.
Como era branco aquele corpo lindo, meu pai.
Ai meu pai! Ai, ai, ai!
É hoje que o terceiro pedreiro
Pega de jeito o primeiro engenheiro!
Ela estava louca pelo Brasil
Ela era branca e quadrada
Não tinha cintura, mas era danada!

...Acabaram de se amar
 E como de praxe por aqui ligaram a TV
   Estava dando o programa do Chacrinha
    Teresinha...
       Brasil disse a Europa que Chacrinha é nosso Adão.

          (Europa):
             – Gordinho, não?

             (Brasil):
                – Fernanda Lima é nossa Eva.

...Opa!
  Opa!
   Espera aí:
     Essa Eva o escritor Rodrigo Bittencourt reclama pra si!
       A Eva do Brasil é a Derci!
         E viva o troféu abacaxi
            A cor bonitíssima do caqui...

(Brasil):
– Europa, eu te amo!
Vamos fazer um filho por aqui
Escutando o canto desse bem-te-vi!
Tenho um infinito ainda pra mostrar
Ainda tem um infinito pra chorar
E um infinito pra sorrir.
Meu nome é Brasil
Já pode me aplaudir!
Nossa Senhora da Penha vai te proteger
Aqui todo mundo é artista, fica só pra tu ver.
E tem uma igreja linda em Porto Seguro só pra ela.
Fica na Cidade Alta
Quer conhecer?
Simbora pra lá!

  (Europa):
    – Agora?

    (Brasil):
      – Já, já!
        É a hora
          Simbora,
            Vamo pra lá!

    Cidade Histórica – Porto Seguro

      (Brasil):
        – Escuta, esse aqui é Adeíltu...
      Ele vai falar um pouco da Cidade Alta pra ti
        Vai com ele que eu vou ficar por aqui
          Conversando com a morena e tomando um açaí.

...Adeíltu leva Europa pra conhecer o lugar,
Fala um pouco da história de nosso povo
E de como tudo começou. Para em frente a umas casas
E desfila seu conhecimento.

(Adeíltu):
— Então, dona, tu conhece a história de por que a gente aqui nesse País tem por costume usar a expressão "sem eira nem beira"?
  É claro que a senhora não sabe, eu sou teu guia
   Nada te faltará.
    Você fica quietinha e abre bem os ouvidos pra escutar
     Depois se quiser eu bato tua foto no meu celular
     E mando um emeio pra tu que é pra modi guarda.
      Então, pois bem, vamos adelante, a velocidade da luz não
       É mais constante.
        A senhora está vendo essas casas aqui?
         Qual a diferença entre essas três casas então?
          A senhora não sabe
           Sabe nada não.
            Está vendo a fachada das casas?
             Pois é, a primeira casa ali, ela tem três entrâncias:
              A eira, a beira e tribeira.
               A eira significa dinheiro
                A beira significa cultura
                 E a tribeira significa poder.
                  Está vendo que as janelas também são diferentes?
                   Está vendo a porta?
                    Está vendo o tamanho?

Essa casa aqui era de poderoso da cidade
Homem que tem poder, cultura e dinheiro.
Essa outra aqui só tem duas listras na fachada
É de eira e de beira
É a casa da classe média que tem dinheiro e cultura, mas não tem poder.
E essa aqui é a casa que o lobo mau derruba com um sopro só
 É a casa dos que não tem eira nem beira.
  Olha lá a fachada como não tem nada, e a janela?
   Olhi só como é quadrada.
    Dessa vez a rima não me fugiu, peguei a danada!
     Então branca, foi assim que surgiu essa coisa da gente falar por aqui:
    Ih, esses aí não tem eira nem beira.
     Quer saber mais coisa? Vem comigo!
      Essa aqui é a igreja da Pena de que Brasil já deve ter lhe falado, não é?
       Está vendo aquela pirâmide lá no alto, depois do sino?
       Aquele material, dizem que era da China
        E que era tudo artigo de luxo e tal.
         Só que quebrou tudo no caminho e o pessoal,
          Os portuga, pra aproveitar, juntaram tudo
           E fizeram essa pirâmide aí...
            É de material que brilhava na noite e servia de farol
            A embarcação quando vinha avistava aquele ponto.
            Era parâmetro pra eles
           Bonito, não é?
            Então, está gostando da Bahia?

Claro que está
Onde já se viu alguém não gostar dessa terra?
Sabe por que a Bahia é chamada Bahia de Todos os Santos?
Sabe não, não é?
Sabe é nada!
É por isso que sou teu guia.
É porque aqui na Bahia a gente tem uma igreja pra cada santo
E cada dia tem o seu.
Então fica mais claro que evidente que aqui na Bahia
A gente tem trezentos e sessenta e cinco igrejas
Falta só a bissexta que eu estou pensando
Eu mesmo em inaugurar.
Vai ser a igreja protetora dos guias
A senhora sabe, não é?
Nosso trabalho é difícil pra burro
E a gente pega cada turista caladão assim igual à senhora
Que chega até a queimar a língua de tanto que gasta
Porque não tem diálogo, não é?
Aí tenho que ficar aqui nesse monólogo infinito
Porque não há diálogo entre nós
A senhora mesmo aí não falou foi nada!
A senhora me dê aí quanto puder que já acabou a corrida
É que me deu uma preguiça da gota
E Bahia joga agora com Fortaleza e não posso perder essa pendenga
Arretada que vai ser esse jogo desgramado!

(Europa):
– Quanto o senhor acha que está justo?

(Adeíltu):
– Ah, me dê aí uns cinquenta dólar que está bom demais da conta!

(Europa):
– Cinquenta?!?

(Adeíltu):
– A gente pode conversar, a senhora argumenta?

(Europa):
– O senhor me falou pouca coisa sobre a cidade
não vou lhe dar nem a metade!

(Adeíltu):
– Uhm...Vejo que a senhora já se acertou aí com as rima...
Posso lhe falar também que Porto Seguro tem
Esse nome por causa daquela pedreira
Lá embaixo que divide rio de mar.
Tá vendo lá embaixo?
Pois é, galeguinha, aquilo lá tem um metro
E quarenta de altura
Parece mesmo um porto não é?
Tá vendo lá os barcos atracados no rio?
Ó lá o farolete indicando o fim da pedraria...

Escute aqui, já tá bom de papo, não é?
Manda aí trintinha e fica tudo na paz que eu vou dá no pé!
E manda Brasil te levar pra ver a dança do parafuso no Sergipe
Essa dança dizem que influenciou o xaxado
E o xaxado dizem que tem esse nome por causa da enxada
Xaxar a terra...
Os cabra ficavam xaxando terra com a enxada e daí é que
Vem a coisa do nome
Mas peça pra Brasil te levar lá e te contar mais...
Agora eu quero ver meu Bahia deitado na rede
Dê-me aí meus quarenta e vê se não inventa
porque assim já é demais!

...Europa deu quarenta dólares pra Adeíltu!

Brasil volta de seu açaí e de sua morena.

(Brasil):
– Como foi o papo com Adeíltu?

(Europa):
– Ele me cobrou quarenta paus (Brasil sorri) e me contou algumas histórias bacanas, mas disse para eu te pedir que me leve a Sergipe para ver a dança do parafuso em frente a casa grande e também falou que você podia me explicar outras coisas mais sobre a Bahia ou os escravos... E porque motivo deste aquela risadinha nojenta quando eu lhe falei que Adeíltu cobrou quarenta dólares pelas informações?

(Brasil):
– Sorri daquela maneira porque gostei do preço alto que ele botou em cima...

(Europa):
– Achei que fui explorada por ele!

(Brasil):
– É... Deve ser bom provar do próprio veneno.

(Europa):
– Como assim?

(Brasil):
– Você mamou aqui desde mil e quinhentos.
Primeiro com sua parte portuguesa, depois com a Holandesa...
E aí veio abrindo caminho e mamando ainda, tratou de trazer depois os americanos para vir mamar aqui também e isso é culpa tua porque a parte Inglaterra de teu caráter foi quem descobriu essa nossa nova Roma que um dia vai ruir!

(Brasil canta):
– Eu quero ver quebrar
Eu quero ver partir
Eu quero ver a nossa nova Roma queimar de novo
Se reinventar, ressurgir!
(2x)

(Europa):
– Nossa, como você é ressentido!
Afinal, foi só um pouquinho de pau-brasil, um restinho de ouro...
Nada de mais!

(Brasil):
– Que disparate é esse galega?
Deixa de ser azeda!
Como é que você pôde fazer isso comigo, com a minha pessoa?
Como é que você vem aqui, derruba tudo, me machuca todo
E diz que foi coisinha de nada?
Quero saber se fica comigo ou não de uma vez
Porque já estou desanimado com a ideia
Porque fiquei muito magoado por causa desse nosso papo

(Brasil está se fazendo de vítima.)

(Brasil):
– Porque não é possível que não tenha coração para entender o que passei e ainda passo por causa de teus saques e agora os americanos vêm aqui e fazem festa e você também ainda não parou
O meu povo sofre, coitado,
Como o meu povo sofre!!!

    (Europa):
    – Olha, não se faz de vítima não que também não é assim!
    Se não fosse por seus governantes,
    Que também fazem parte de seu povo,
    Você não estaria lascado do jeito que está e ainda por cima...

(Brasil):
– Olha, fica comigo ou não fica?
Vem! Vou te levar pra Coroa Vermelha
Onde rezaram a primeira missa, lembra?
A tua parte portuguesa, lembra?

...Os pombinhos viajaram instantaneamente para a Praia de Coroa Vermelha - Bahia

(Brasil):
– Então, foi aqui nesse local, com essa mesma cruz,
Que rezaram a primeira missa, num sabe?
É... Foi aqui que tudo começou... Essa misturada bonita toda.
Veio branco, trazendo escravo negro
E misturou com os índios daqui, arre égua!!!

(Brasil canta):
É ciranda de nego
É ciranda de índio
É ciranda de branco
Na cruz de Coroa Vermelha
(2x)

(Europa):
– Não sei se quero ficar.

(Brasil):
– Arre égua!!!

(Europa):
– Aqui tem muita pilantragem
 É de amargar
  O tráfico de órgãos
   A prostituição infantil...

(Brasil):
– Isso é coisa de seus amiguinhos que vêm pro Brasil.

(Europa):
– E os safados desses estados adoram que eles venham excitados.

(Brasil tira espinhos de seu pé direito que está sangrando.)

(Europa):
— O que aconteceu?!?

(Brasil):
— São esses espinhos infelizes!
Vão deixando cicatrizes...
Fica aqui comigo!

(Europa):
— A vida aqui é dura, meu amigo.
Eu não sei
Eu tenho medo
É tudo muito doce e muito azedo.
Criança aqui tem arma de verdade
E mata como se fosse de brinquedo!

(Brasil):
— É por tudo isso que você deve ficar...
Você pode me ajudar!
Além disso, você também tem seus problemas...

(Europa):
— Brasil, você não para de sangrar!

(Brasil):
— E você que sangra há séculos não pode reclamar.
E olha isso já está me enchendo o saco.
Vai ficar ou não vai ficar?
Decide logo que eu quero ir sambar
Além disso tem uma macumba invocada que
Jorge Russo vai cantar em Irajá...

...Brasil tenta despistar o assunto contando
mais uma história...

(Brasil):
— Você não sabe como a gente inventou a expressão "nas coxas"?

Vou lhe contar:
Os escravos é que faziam os telhados das casas, né...
Eles pegavam o barro e tal e colocavam sobre suas coxas e começavam o trabalho.
Só que cada pessoa tem um tamanho de perna diferente e é claro que você sabe disso... É só comparar suas perninhas com as pernas da Ivete Sangalo que vai ver a diferença... Ela tem uns baita coxão lindo e você tem essas perniquita branca aí, mas eu acho você bastante bonita assim... O fato é que cada um tinha uma medida diferente de perna e as mulheres sempre com coxas maiores que as dos homens e tal e coisa, né.
Aí o que acontecia? Acontecia que quando o telhado começava a ser montado uma telha não encaixava direito na outra justamente por causa da diferença de tamanho de cada coxa. Quando chovia a casa virava uma cachoeira da gota desgramada porque no telhado ficava sempre uns buraquinhos nascidos da diferença das pernas.
Quer dizer, aquela coisa toda era muito mal feita, muito ruim e também feita com uma pequena dose de desobediência dos escravos. Então essa expressão "nas coxas" quer dizer justamente mais ou menos isso, entendeu, galeguinha?

...EUROPA NÃO PERDE O FIO DE SUA MEADA
E CONTINUA FALANDO MAL DO BRASIL...

55

(Europa):
Os impostos são altos
Tanto quanto os de lá
Só que aqui vocês pagam e não podem usar
Porque os serviços são de amargar
Veja a educação
E a saúde como está?
A classe média daqui um dia vai estourar!
Além disso, eu não tenho emprego
E aqui é dificil de arrumar!

(Brasil):
Dificil de arrumar emprego tá em todo lugar
Seja aqui, nos EUA ou em Bagdá.

(Brasil pensa):
– Essa galega não caiu na minha não
Oxi! A desgramada não para de falar mal d'eu!
Vou ter que arranjar outro jeito de fazê-la ficar.

(Brasil):
— Querida senhora...
Emprego pra tu aqui não vai faltar
A maioria dos carros e caminhões daqui vieram de lá.
E é por isso que eu não consigo me organizar
Pra fazer uma imensa ferrovia me cortar
É muita pressão e os espinhos podem quebrar
Essa covardia há de acabar
Se pelo menos Glauber estivesse aqui pra me ajudar...
Olha: qualquer coisa se você não conseguir se empregar
A gente fala com o Silvio Santos pra ajudar.
Ele é o banco do povo
A porta da esperança vai te salvar
Nada irá te faltar
É só pagar o carnê que ele vai te chamar
Fica tranquila
Pode acreditar
O Silvio vai te salvar!
Se isso tudo não adiantar
Vai fazer um trabalho que eu vou te ensinar:
Tu pega uma tigela de barro
Três pedaços de carne de porco,
Mas tem que ser fresca, viu,
Uma garrafa de cachaça
E outra de azeite de dendê
Qué pá modi firmá teu pedido
Qué pá modi di dá certeza
Vai num cemitério
E pede a Exú pra te ajudar
Que o véio não vai te faltar!
Você reza.
Você pede.
Joga a cachaça no teu rosto pra te limpar.
Coloca os três pedaços da carne na tigela
E confirma com o dendê por cima dela
No fim, acende em volta sete vela...
Como essa cultura é bela!

(Europa):
— Eu não sei!

(Brasil):
– Olha, eu vou sambar!

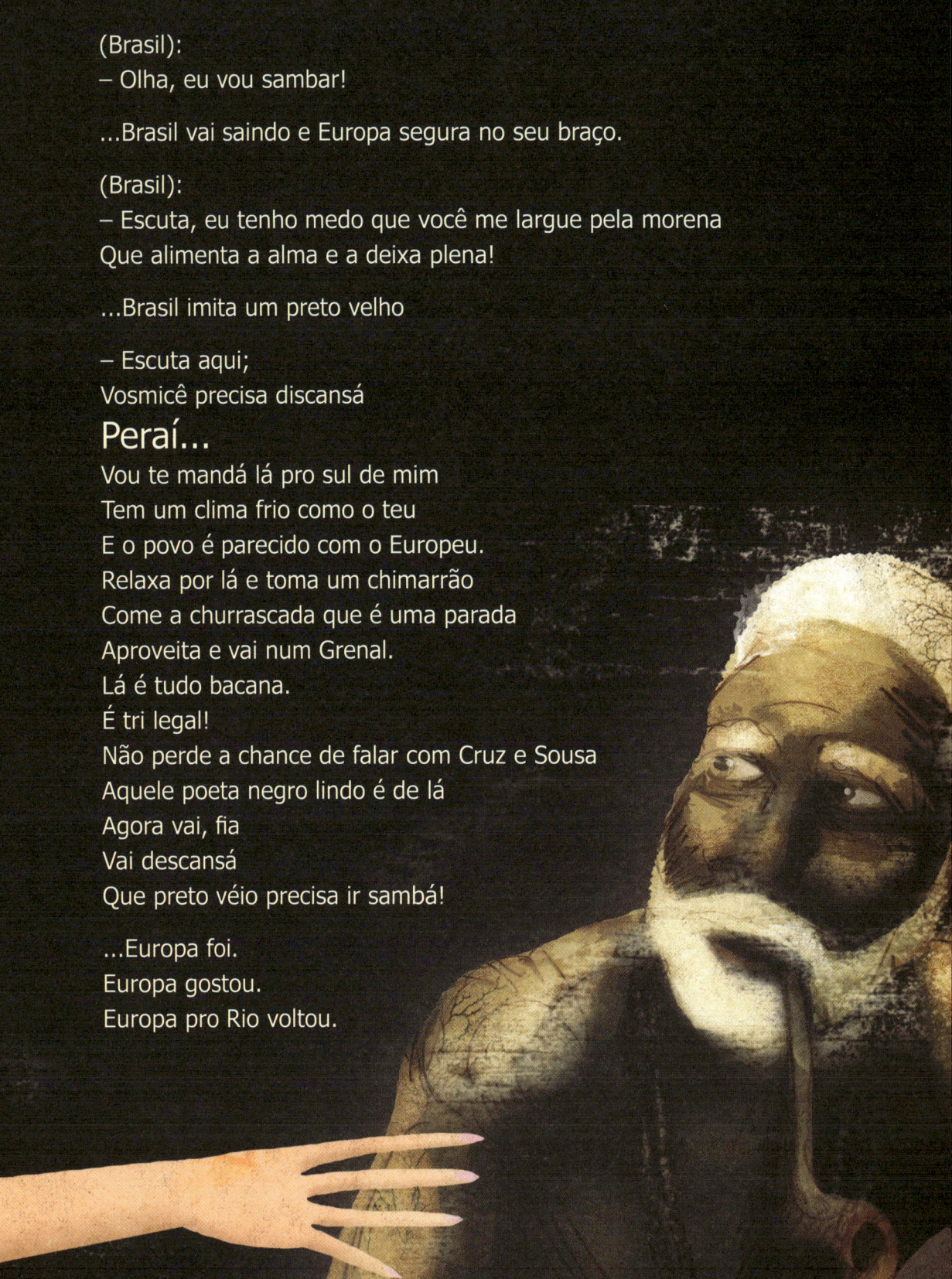

...Brasil vai saindo e Europa segura no seu braço.

(Brasil):
– Escuta, eu tenho medo que você me largue pela morena
Que alimenta a alma e a deixa plena!

...Brasil imita um preto velho

– Escuta aqui;
Vosmicê precisa discansá
Peraí...
Vou te mandá lá pro sul de mim
Tem um clima frio como o teu
E o povo é parecido com o Europeu.
Relaxa por lá e toma um chimarrão
Come a churrascada que é uma parada
Aproveita e vai num Grenal.
Lá é tudo bacana.
É tri legal!
Não perde a chance de falar com Cruz e Sousa
Aquele poeta negro lindo é de lá
Agora vai, fia
Vai descansá
Que preto véio precisa ir sambá!

...Europa foi.
Europa gostou.
Europa pro Rio voltou.

(Europa):
– Nossa, aquele lugar é lindo demais!
 Eu digo pra ti meu guri:
 Fico contigo, rapaz!

(Brasil):
 – Então vamos rezar
 Pra tudo dar certo entre nós
 E beleza ficar:

 (O Brasil reza):
  Antônio Conselheiro,
  Aconselha-me, santo guerreiro
  Virgulino Lampião
  Lamparina meu facão
  Corisco, Corisco
  Assombra a alma de quem
  Ganha dinheiro com Cristo
  Maria Bonita
  Protege esse teu cabra aqui, minha cabrita
  Dadá, ô Dadá
   ## Dê-me forças pra brilhá!

  (Europa interrompe):
   – Rimbaud, Rimbaud
   Trafique pra mim só o amor
    Baudelaire, tudo bem, tá legal
    Dê-me inspiração pra poemas do bem
    Como são tuas flores do mal...

    (Brasil):
     – Zumbi, ó Zumbi
      Mantém meu canto forte como o do bem-te-vi
      Glauber meu farol
       Não deixe nunca que eu vire um covarde
       Cheirando a formol
        Mantenha esse cabra vivo na terra do sol...

(Europa):
– Chaplin, ó, Carlito,
Faz com que o cinema fique menos óbvio
Mais calado e mais bonito.

(Os dois sorriem felizes...)

(Brasil):
– Meu amor...

...Brasil pega a Europa de jeito e fala pertinho dela.

(Brasil):
Tenho um infinito pra te mostrar
Tem muito do Norte e Nordeste pra ver
Tem todo o Centro-Oeste pra correr
(Brasil passa a mão nas coxas da Europa.)
Quero te mostrar a Chapada dos Viadeiros...

...Ele põe uma das mãos da Europa em seu peito.

(Brasil):
...As fazendas de Goiás.

(Europa):
– Você é imenso, rapaz!

(Brasil):
– Eu sei e tem mais:
Um mundo de gente talentosa pra conhecer
Muito açaí pra tomar e feijoada pra comer
Tem um infinito ainda pra mostrar
Tem um infinito ainda pra chorar
E um ainda pra sorrir
Vamos fazer um filho aqui
Ao som desse bem-te-vi
Meu nome é Brasil
Já pode aplaudir!

Vou me casar com Europa e
Ter um filho com a China.
Ninguém sabe pra onde eles foram
E como isso aqui termina
Imagina...
Imagina...
Imagina...
Imagina...
Imagina...
Imagina...
Imagina...
Imagina.

GLOSSÁRIO

Aleijadinho. Antônio Francisco Lisboa, mais conhecido como Aleijadinho, (1730 – 1814) foi um importante escultor, entalhador, desenhista e arquiteto no Brasil Colonial, com um estilo relacionado ao Barroco e, especialmente, ao Rococó.

Aracy. Aracy Teles de Almeida (1914 – 1988), mais conhecida como Aracy de Almeida, foi uma cantora brasileira. Teve grande convivência com o compositor Noel Rosa.

Arre égua! Expressão cearense típica de espanto.

Aurélio. Um dos principais dicionários de língua portuguesa adotados no Brasil. Leva o nome de seu autor e coordenador, Aurélio Buarque de Holanda Ferreira (1910 – 1989), que foi crítico literário, lexicógrafo, filólogo, professor, tradutor e ensaísta.

Baden. Baden Powell de Aquino (1937 – 2000) foi um violonista brasileiro e é considerado um dos maiores violonistas de todos os tempos.

Bamba. Na gíria dos sambistas, indivíduo que sabe sambar ou cantar bem os sambas. Sambista nato.

Carlito Marrón. Carlinhos Brown, nome artístico de Antônio Carlos Santos de Freitas (1962), é cantor, percussionista, compositor, produtor e agitador cultural. Na Espanha, também é conhecido como *Carlito Marrón*.

Chacrinha. José Abelardo Barbosa de Medeiros (1917 – 1988), o Chacrinha, foi um grande comunicador de rádio e um dos maiores nomes da televisão no Brasil. Como apresentador de programas de auditório, teve enorme sucesso dos anos 1950 aos anos 1980.

Chaplin, Carlito. Charles Spencer Chaplin Jr. (1889 – 1977), mais conhecido como Charlie Chaplin, foi ator, diretor, dançarino, roteirista e músico. Além de atuar, Chaplin dirigiu, escreveu, produziu e eventualmente compôs as trilhas sonoras de seus próprios filmes, tornando-se uma das personalidades mais criativas e influentes da era do cinema mudo.

Chica da Silva. Francisca da Silva de Oliveira (1731? – 1796), ou simplesmente Chica da Silva, foi uma escrava, posteriormente alforriada. De acordo com a imaginação popular e várias obras de ficção, Chica da Silva foi uma *escrava que se fez rainha* utilizando sua beleza e seu apetite sexual invulgares para seduzir pessoas poderosas.

Corisco. Era o apelido do famoso cangaceiro Cristino Gomes da Silva Cleto (1907 – 1940). Corisco era também conhecido como Diabo Louro.

Curupira. É uma figura do folclore brasileiro. Ele é uma entidade das matas, um anão de cabelos compridos e vermelhos, cuja característica principal são os pés virados para trás. Protege a floresta e os animais, espantando os caçadores que não respeitam as leis da natureza.

Dadá. Sérgia Ribeiro da Silva (1915 – 1994), mais conhecida como Dadá, foi uma cangaceira, única mulher a pegar em armas no bando de Lampião.

Dercy. Dolores Gonçalves Costa (1907 – 2008), mais conhecida como Dercy Gonçalves, foi uma atriz brasileira, oriunda do teatro de revista, notória por suas participações na produção cinematográfica brasileira das décadas de 1950 e 1960. Celebrada por suas entrevistas irreverentes, seu bom humor e o emprego constante de palavras de baixo calão, foi uma das maiores expoentes do teatro de improviso no Brasil.

Dorival. Dorival Caymmi (1914 – 2008) foi um cantor, compositor e violonista brasileiro. Compôs inspirado pelos hábitos, costumes e as tradições do povo baiano. Teve como forte influência a música negra.

Glauber. Glauber de Andrade Rocha (1939 – 1981) foi cineasta, ator e escritor. Queria uma arte engajada ao pensamento e pregava uma nova estética, uma revisão crítica da realidade. Era visto pela ditadura militar como um elemento subversivo.

Guimarães. Mais conhecido como Guimarães Rosa (1908 – 1967), foi um dos mais importantes escritores brasileiros de todos os tempos. Foi também médico e diplomata.

Gullar. Pseudônimo de José Ribamar Ferreira (1930), é poeta, crítico de arte, biógrafo, tradutor, memorialista e ensaísta. Fez parte de um movimento literário difundido através da revista que lançou o pós-modernismo no Maranhão, *A Ilha*, da qual foi um dos fundadores.

Hermeto. Hermeto Pascoal (1936) é compositor, arranjador e multi-instrumentista. É considerado um dos maiores músicos de todos os tempos.

Jobim. Antônio Carlos Brasileiro de Almeida Jobim (1927 – 1994), mais conhecido como Tom Jobim, foi compositor, maestro, pianista, cantor, arranjador e violonista. É considerado um dos maiores expoentes da música brasileira e um dos criadores do movimento da bossa nova.

Lampião. Virgulino Ferreira da Silva, vulgo Lampião (1898 – 1938), foi um cangaceiro brasileiro. Uma das versões a respeito de seu apelido é a de que ele modificou um fuzil, possibilitando-o atirar mais rápido, sendo que sua luz lhe dava a aparência de um lampião. Conhecido como o "Rei do Cangaço".

Maria Bonita. Maria Gomes de Oliveira, vulgo Maria Bonita (1911 – 1938), foi a primeira mulher a participar de um grupo de cangaceiros. Tornou-se a mulher de Virgulino Ferreira da Silva, o Lampião, conhecido como o "Rei do Cangaço".

Martinho. Martinho José Ferreira (1938) é cantor, compositor e escritor. Nacionalmente conhecido como sambista, Martinho da Vila é um legítimo representante da MPB.

Mautner. Jorge Mautner, nome artístico de Jorge Henrique Mautner (1941), é compositor, cantor, instrumentista (violinista, pianista e bandolinista), poeta e escritor.

Noel. Noel de Medeiros Rosa (1910 – 1937) foi sambista, cantor, compositor e instrumentista. É um dos maiores e mais importantes artistas da música no Brasil. Teve contribuição fundamental na legitimação do samba de morro no "asfalto".

Oswald. José Oswald de Sousa de Andrade (1890 – 1954) foi escritor, ensaísta e dramaturgo. Foi um dos promotores da Semana de Arte Moderna em São Paulo, em 1922, tornando-se um dos grandes nomes do modernismo literário brasileiro. Foi considerado pela crítica como o elemento mais rebelde do grupo.

Robertão. Roberto Carlos Braga (1941), conhecido simplesmente por Roberto Carlos ou ainda Rei Roberto Carlos, é cantor e compositor, sendo um dos principais representantes da Jovem Guarda.

Salomão. Waly Dias Salomão (1943 – 2003) foi um poeta brasileiro. Atuou em diversas áreas da cultura brasileira.

Vinicius. Vinicius de Moraes (1913 – 1980) foi diplomata, teatrólogo, jornalista, poeta e compositor brasileiro. Poeta essencialmente lírico, o *poetinha* (como ficou conhecido) notabilizou-se por seus sonetos. Conhecido como um boêmio inveterado, fumante e apreciador do uísque, era também conhecido por ser um grande conquistador.

RODRIGO BITTENCOURT tem uma carreira plural: diretor de cinema e TV, roteirista, romancista, músico e compositor. Em 2006, dirigiu e escreveu, em parceira com Maria Rezende, o roteiro do curta POR ACASO GULLAR, exibido no Festival do Rio e na Mostra São Paulo. O filme foi adquirido pelo SESC para exibição em diversas cidades do país. Em 2007, dirigiu e roteirizou o curta PROCURANDO JORGE MAUTNER, também exibido na Mostra São Paulo. Este filme deu origem à série PROCURANDO QUEM, exibida em duas temporadas no Canal Brasil — num total de 25 programas de 25 minutos cada —, da qual Rodrigo foi roteirista e diretor. Mesclando ficção e entrevistas, a série levou personalidades como Cacá Diegues, Mart'nália, os atores Ney Latorraca e Mariana Ximenes, Juca Kfouri, Marcelo Rubens Paiva, entre tantos outros. Em 2009, dirigiu e escreveu o roteiro do curta ALGUM DIA BABY BLUES, ganhador do Prêmio de Melhor Ator para Pedro Henrique Monteiro no Festival de Cinema de Cabo Frio. Ainda em 2009, dirigiu o curta WHO'S GONNA FUCK MY LIFE, com Cauã Raymond no elenco. Esse filme participará de vários festivais do mundo, como Londres, Miami e São Paulo. Em 2010, escreveu e dirigiu o curta HIATO, com a atriz Nanda Costa e o ator Kiko Mascarenhas; e publicou seu primeiro livro infanto-juvenil pela Pallas Editora, ÓPERA BRASIL DE EMBOLADA. Em 2011, a editora Língua Geral se prepara para lançar LÍNGUA DE FOGO, segundo romance adulto da trilogia, sendo o primeiro lançado em 2008, pela mesma editora, com orelha de Cacá Diegues. Ainda em 2011, Rodrigo filma o roteiro de sua autoria em seu primeiro longa, OS INOCENTES, produzido por Mariza Leão (Meu nome não é Johnny) e Iafa Britz (Se eu fosse você 1 e 2).

Em dupla com Maria Rezende, Rodrigo Bittencourt tem realizado diversos trailers de filmes, como MEU NOME NÃO É JOHNNY, ÚLTIMA PARADA 174, O DIVÃ, SALVE GERAL, entre outros. Rodrigo é o roteirista da dupla.

Na área musical, são diversos os seus trabalhos e, resumidamente, podemos destacar sua composição SAMBA MEU, que dá nome ao último CD da cantora Maria Rita, além de seu próprio álbum, MORDIDA, merecedor de resenhas elogiosas dos principais críticos musicais do país, do Japão e da Bélgica. Rodrigo é parceiro de Ana Carolina, Jorge Mautner, entre outros. Juntando forças com Daniel Lopes e Thiago Antunes, formou O LÊS POPS, banda pop que lança seu primeiro disco pelo selo bolacha, em agosto de 2010. Além disso, Rodrigo Bittencourt prepara repertório para seu terceiro disco solo, intitulado AMÉRICA LATINDO.

http://www.myspace.com/rodrigobittencourt

RODRIGO BITTENCOURT
MAURICIO NEGRO

Ilustrador, escritor e designer. Natural de São Paulo, capital. É autor-ilustrador de vários livros premiados, entre os quais, A palavra do grande chefe, cujo texto adaptado divide com o escritor Daniel Munduruku. Participou de exposições e catálogos no Brasil, Argentina, Alemanha, Eslováquia, México, Itália, Coreia e Japão. Finalista do CJ Picture Book Festival Coreia (2009), recebeu o NOMA Encouragement Prize, no Japão (2008). Menção honrosa editorial no XV Salão Internacional de Desenho para Imprensa, em Porto Alegre (2007). Morou na França em 2005 e, desde seu retorno ao Brasil, tem produzido uma releitura simbólica das raízes ancestrais brasileiras, indígenas, africanas ou populares. Tem também trabalhado com temas ecológicos, étnicos e mitológicos, muitas vezes ilustrados com material alternativo ou reaproveitado, tinturas naturais, elementos orgânicos e pirografia. É membro do conselho da Sociedade dos Ilustradores do Brasil (SIB) e filiado à AEILIJ.

http://mauricionegro.blogspot.com/